ALPHABET

DE

LA FAMILLE ET DES ÉCOLES.

PREMIER LIVRE DES PETITS ENFANTS,

PAR D. H.

HUMBERT, ÉDITEUR.

PARIS, | MIRECOURT,
Rue Bonaparte, 43, | (Vosges),
Et rue Sainte-Marguerite, 30. | Rue de l'Hôtel-de-Ville, 68.

1861.

ALPHABET

DE

LA FAMILLE ET DES ÉCOLES.

PREMIER LIVRE DES PETITS ENFANTS,

PAR D. H.

HUMBERT, ÉDITEUR.

PARIS,
Rue Bonaparte, 43,
Et rue Sainte-Marguerite, 30.

MIRECOURT,
(Vosges),
Rue de l'Hôtel-de-Ville, 68.

1861.

Propriété de l'Éditeur,

Nous recommandons aux mères de famille, aux institutrices et aux instituteurs un petit livre du même auteur, intitulé : *Le Livre de la Famille et des Écoles*, ou *l'Ange gardien de la jeunesse*, ouvrage approuvé par Mgr l'Evêque de Troyes.

APPROBATION.

Nous donnons volontiers notre approbation au petit *Livre de la Famille et des Écoles*. Il contient de bonnes et sages Maximes, et pourra servir utilement à l'instruction comme à l'éducation de l'enfance, en lui apprenant à aimer la Religion et la Patrie.

† P. L. ÉVÊQUE DE TROYES.

27 mars 1860.

Cet excellent petit livre est composé de Sentences, Maximes, Pensées, Conseils, Devoirs et Prières.

PRIX :

1 exemplaire.	15 c.
12 exemplaires.	1 fr. 20 c.
100 exemplaires . . . . . , ...	8 fr. » »
1000 exemplaires.	70 fr. » »

TYP. ET STÉR. HUMBERT, A MIRECOURT.

1re LEÇON.

Lettres Majuscules.

A B C D E

F G H I J

K L M N O

P Q R S T

U V X Y Z

2ᵉ LEÇON.

Lettres Minuscules.

a b c d e f g h i
j k l m n o p q
r s t u v x y z

Minuscules italiques.

*a b c d e f g h i
j k l m n o p q
r s t u v x y z*

3e LEÇON.

Il y a vingt-cinq lettres dans l'alphabet. — 25.

1	2	3	4	5	6
A	B	C	D	E	F

7	8	9	10	11	12	13
G	H	I	J	K	L	M

14	15	16	17	18	19
N	O	P	Q	R	S

20	21	22	23	24	25
T	U	V	X	Y	Z

15	8	23	1	16	9	2	24
O	H	X	A	P	I	B	Y

3	10	17	4	25	5	12	19	11
C	J	Q	D	Z	E	L	S	K

18	6	13	20	21	14	7	22
R	F	M	T	U	N	G	V

4e LEÇON.
Alphabets de Lettres ornées.

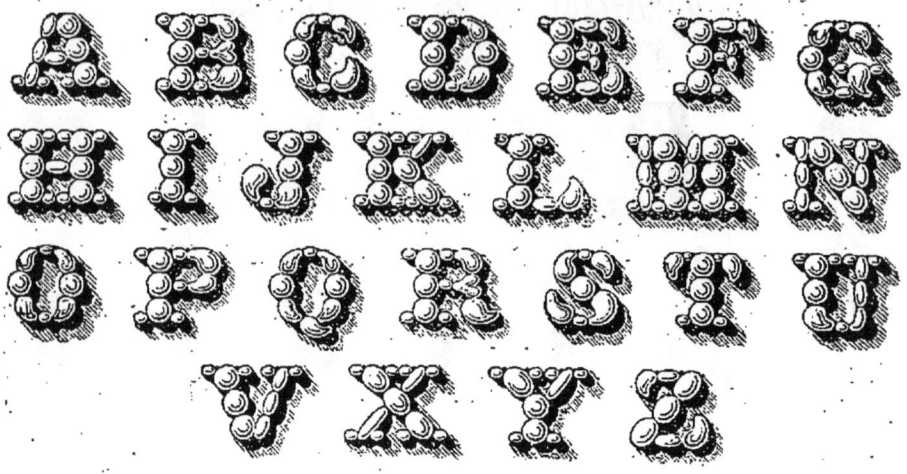

5ᵉ LEÇON.

Alphabets de différents Caractères.

ABCDEFGHIJKLMNOPQRSTUVXYZ
abcdefghijklmnopqrstuvxyz
abcdefghijklmnopqrstuvxyz

ABCDEFGHIJKLMNOPQRSTUVXYZ
abcdefghijklmnopqrstuvxyz
abcdefghijklmnopqrstuvxyz

Lettres anglaises. — Minuscules.

*abcdefghijklm
nopqrstuvxyz*

*abcdefghijklmno
pqrstuvxyz*

Ronde. — Minuscules.

abcdefghijklmnopqrstuvxyz
abcdefghijklmnopqrstuvxyz

6e LEÇON.

Alphabet de Majuscules anglaises.

7ᵉ LEÇON

Lettres Gothiques. — Minuscules.

abcdefghi
jklmnopqr
stuvxyz

abcdefghijklmnopqrstuvxyz

abcdefghijklmnopqrstuvxyz

abcdefghijklmnopqrstuvxyz

abcdefghijklmnopqrstuvxyz

abcdefghijklmnopqrstuvxyz

1.

8ᵉ LEÇON.
Lettres gothiques. — Majuscules.

𝕬 𝕭 𝕮 𝕯 𝕰 𝕱
𝕲 𝕳 𝕴 𝕵 𝕶 𝕷
𝕸 𝕹 𝕺 𝕻 𝕼 𝕽
𝕾 𝕿 𝖀 𝖁 𝖃 𝖄 𝖅

A B C D E F G H I J K L M N
O P Q R S T U V X Y Z

A B C D E F G H I J K L M
N O P Q R S T U V X Y Z

A B C D E F G H I J K L M N O P Q R
S T U V X Y Z

A B C D E F G H I J K L M N O P Q R S T U V X Y Z

9e LEÇON.

Chiffres.

1 2 3 4 5 6 7 8 9 0

un deux trois quatre cinq six sept huit neuf zéro

---

10 11 12 13 14 15 16 17 18 19 20 21 22
23 24 25 26 27 28 29 30 31 32 33 34 35
36 37 38 39 40 41 42 43 44 45 46 47 48
49 50 51 52 53 54 55 56 57 58 59 60 61
62 63 64 65 66 67 68 69 70 71 72 73 74
75 76 77 78 79 80 81 82 83 84 85 86 87
88 89 90 91 92 93 94 95 96 97 98 99 100

Chiffres gothiques.

1 2 3 4 5 6 7 8 9 0

1 2 3 4 5 6 7 8 9 0

1 2 3 4 5 6 7 8 9 0

Chiffres romains.

I II III IV V VI VII VIII IX X

un deux trois quatre cinq six sept huit neuf dix

XI XII XIII XIV XV XVI XVII XVIII XIX XX

XXX XL L LX LXX LXXX XC C D M

10e LEÇON.

Alphabets placés perpendiculairement.

Majus-cules.	Minus-cules	Majus-cules.	Minus-cules.	Majus-cules.	Minus-cules.	Majus-cules.	Minus-cules
A	a	Z	z	K 11	x	A	a
B	b	Y	y	I 9	r	B	b
C	c	X	x	H 8	j	C	c
D	d	V	v	P 16	e	D	d
E	e	U	u	S 19	y	E	e
F	f	T	t	O 15	d	F	f
G	g	S	s	G 7	n	G	g
H	h	R	r	A 1	f	H	h
I	i	Q	q	L 12	c	I	i
J	j	P	p	J 10	v	J	j
K	k	O	o	Q 17	b	K	k
L	l	N	n	U 21	k	L	l
M	m	M	m	Z 25	i	M	m
N	n	L	l	M 13	h	N	n
O	o	K	k	B 2	o	O	o
P	p	J	j	V 22	p	P	p
Q	q	I	i	C 3	s	Q	q
R	r	H	h	F 6	g	R	r
S	s	G	g	N 14	a	S	s
T	t	F	f	D 4	l	T	t
U	u	E	e	Y 24	q	U	u
V	v	D	d	E 5	z	V	v
X	x	C	c	T 20	u	X	x
Y	y	B	b	R 18	m	Y	y
Z	z	A	a	X 23	t	Z	z

11e LEÇON.

Lettres, Chiffres, Ponctuation, Accents et Signes qui composent la langue française.

Majuscules.

A B C D E F G H I J K L M N O P Q R S T U V X Y Z

Minuscules.

a b c d e f g h i j k l m n o p q r s t u v x y z

Accents. — Tréma.

grave.   aigü.   circonflexe.   tréma,

\   /   ʌ   ••

Lettres avec leurs accents et leur tréma.

â à - ê è é - î - ô - û ù - ë ï ü

Chiffres.

1 2 3 4 5 6 7 8 9 0

Ponctuation.

virgule	point	deux points	point-virgule	point d'interrogation	point d'exclamation	points suspensifs
,	.	:	;	?	!	.....

Signes divers.

apostrophe	trait d'union	tiret	guillemets	paragraphe	parenthèses	crochets	astérisque	cédille
'	-	—	« »	§	( )	[ ]	*	ç

Lettres doubles majuscules et minuscules.

W Œ Æ - w œ æ

12ᵉ LEÇON.

Voyelles : 6.

a e i o u y

Consonnes : 19.

b c d f g h j k l m n p q r s t v x z

---

a b a c a d a f a r a s
e b e c e d e f e r e s
i b i c i d i f i r i s
o b o c o d o f o r o s
u b u c u d u f u r u s
u l u m u p u t u n u x
o l o m o p o t o n o x
i l i m i p i t i n i x
e l e m e p e t e n e x
a l a m a p a t a n a x

13e LEÇON.
Syllabaire.

Ba	be	bi	bo	bu	Bu	bo	bi	be	ba
Ca	ce	ci	co	cu	Cu	co	ci	ce	ca
Da	de	di	do	du	Du	do	di	de	da
Fa	fe	fi	fo	fu	Fu	fo	fi	fe	fa
Ga	ge	gi	go	gu	Gu	go	gi	ge	ga
Ha	he	hi	ho	hu	Hu	ho	hi	he	ha
Ja	je	ji	jo	ju	Ju	jo	ji	je	ja
Ka	ke	ki	ko	ku	Ku	ko	ki	ke	ka
La	le	li	lo	lu	Lu	lo	li	le	la
Ma	me	mi	mo	mu	Mu	mo	mi	me	ma
Na	ne	ni	no	nu	Nu	no	ni	ne	na
Pa	pe	pi	po	pu	Pu	po	pi	pe	pa
Qua	que	qui	quo	quu	Quu	quo	qui	que	qua
Ra	re	ri	ro	ru	Ru	ro	ri	re	ra
Sa	se	si	so	su	Su	so	si	se	sa
Ta	te	ti	to	tu	Tu	to	ti	te	ta
Va	ve	vi	vo	vu	Vu	vo	vi	ve	va
Xa	xe	xi	xo	xu	Xu	xo	xi	xe	xa
Za	ze	zi	zo	zu	Zu	zo	ze	zi	za

14e LEÇON.

Mots de plusieurs Syllabes commençant par une Voyelle.

A bat ta ge | A bri ter
E la bo rer | E co le
I mi ta ti on | I gno rant
O bé is sant | O bli geant
U ni for me | U ni vers

Y a ta gan — Y eux — Y ve tot

Mots de plusieurs syllabes commençant par une consonne.

Ba ra que | Na nan
Ca ba ne | Pa pa
Da me | Qua tre
Fa ça de | Ra sa de
Ga ba re | Sa la de
Ha ri cot | Ta tan
Ja bot ter | Va can ce
Ka ra ta | Xy lo gra phe
La va ge | Za cha rie.
Ma man |

15e LEÇON.

Mots d'une Syllabe.

DIEU
a tout fait. Il voit tout.

DIEU
est au ciel et en tous lieux.

DIEU
est bon, il hait le mal, il ne veut que le bien.

DIEU
veut que je sois bon, il sait ce que je fais.

DIEU
sait tout : le bien et le mal.

Je suis tout à vous, mon Dieu, de tout mon cœur et pour la vie.

O mon Dieu
je fais des vœux pour ceux à qui je dois le jour.

16ᵉ LEÇON.
Mots de deux Syllabes.

A bel.	Im pur.	Re fus.
Ba bel.	Jan vier.	Son ge.
Ca ïn.	La ver.	Ti rer.
Col let.	Mi di.	U ser.
Dé bît.	No ël.	Vo ler.
Ĕ crit.	Ou til.	Xé rès.
Fol let.	Pa ge.	Y sard.
Ge lé.	Pa rer.	Zé ro.
Hi ver.	Qua tre.	

Mots de trois Syllabes.

Al lu mer.	Nul li té.
Bar na bé.	Op po sé.
Con ver tir.	Par don ner.
Dé ci sif.	Quan ti té.
E lec tif.	Rap por ter.
Fer me té.	Ser vi teur.
Gra vi té.	Tour ni quet.
His tri on.	U ni té.
Ins pi rer.	Va ni té.
Jus ti ce.	Xer ti gny.
Ki ri é.	Y ver dun.
Lit té ral.	Zé la teur.
Mar chan der.	

17e LEÇON.

Mots de quatre Syllabes.

Ap pe san ti.
Bouf fon ne rie.
Ca lom ni eux.
Dé cha lan dé.
É cor ni fleur.
Fa mi li er.
Gour man di se.
Hé ro ïs me.
I mi ta teur.
Ju ri di que.
Ka lu ma ta.

Li mo na de.
Mé di ta tif.
Non cha lan ce.
Ob ser va teur.
Pé dan te rie.
Quo ti di en.
Ré fle xi on.
Ser vi tu de.
Ter gi ver ser.
U ti li té.
Vé ra ci té.

Mots de cinq Syllabes.

A bré vi a teur.
Bé a ti tu de.
Ca lom ni a teur.
Dé so la ti on.
En cou ra ge ment.
Fan fa ro na de.
Gé né ro si té.
His to ri que ment.
In con so la ble.
Jar di ni è re.
Klo pé ma ni que.
La pi da ti on.
Mar ty ro lo ge.

No men cla tu re.
Or di nai re ment.
Pa res seu se ment.
Quin qua gé si me.
Ré tré cis se ment.
Sen su a li té.
Trans mu ta ti on.
U sur pa ti on.
Vé ri ta ble ment.
Xe no pel ti de.
Y po mo men te.
Zin co gra phi er.

18ᵉ LEÇON.

Ici on doit expliquer aux petits enfants ce que sont les voyelles, sons naturels de la voix; ce que sont les consonnes ou lettres qui n'ont de son que quand elles sont jointes aux voyelles; ce que sont les diphtongues, etc.; et enfin ce que sont les lettres accentuées, dont le son est modifié par l'accent.

L'accent aigü se fait ainsi (́)

EXEMPLE.

Cré a teur.	Ré gent.
É co le.	Ré fé ré.
É cor ce.	Vé ri té.
Cré an ce.	Té mé ri té.
Fer me té.	É té.
Fier té.	

L'accent grave se fait ainsi (̀)

EXEMPLE.

Pè re.	Pro cès.
Mè re.	Ac cès.
Mi sè re.	Au près.
Suc cès.	A près.
Pro grès.	Très.

L'accent circonflexe se fait ainsi (̂).

EXEMPLE.

â	Crâ ne. Pâ te. Mâ le.	î	Gî te. A bî me. Maî tre.
ê	Fê te. Mê me. Tê te. Tem pê te.	ô	A pô tre. Cô te. Dô me.
		û	Flû te. Bû che. Eû tes.

19ᵉ LEÇON.

Le tréma se fait ainsi (¨).

EXEMPLE.

Ha ïr.	Sa ül.
A ïeul.	Mo ï se.
É sa ü.	Na ïf.
Po ë te.	Si na ï.

Diphtongues.

Li ard.	Nu it.
Ci el.	Di eu.
Fi o le.	Ai mi ons.
Mo el le.	Lo in.
É cu el le.	

Cas où l'on prononce CH, comme si c'était un K.

Christ.	Or ches tre.
Chré ti en.	Cho ris te.
Chœur (*d'église*.)	Chro ni que.
Eu cha ris tie.	An ti o chus.

Le Ç prononcé comme deux S.

Re çu.	For çat.
Su ço ter.	Fran çois.
Gar çon.	Ma çon.
Fa ça de.	

G mouillé, GN.

Rè gne.	Oi gnon.
Pei gne.	Com pa gnie.
Ro gnon.	Cam pa gne.

20ᵉ LEÇON.
L mouillée.

Cueil lir.	Fau teuil.
Feuil le.	E cu reuil.
Re cueil.	E cueil.

EIL.

O seil le.	Gro seil le.
Mer veil le.	Ver meil le.
Som meil.	

ŒIL.

Œil let.	Œil lè re.

OUIL.

Mouil ler.	Que nouil le.
Bouil li.	Gre nouil le.
Pa trouil le.	Ci trouil le.

ILLE.

Lil le.	Ba bil le.
Gen til le.	Quil les.

AIL.

Bail.	En trail les.
Ba tail le.	Fu né rail les.
Cail les.	Pail le.

Prononciation de PH comme F.

Phi lo so phe.	Mé ta phy si que.
Phi lo so phie.	Phy si cien.
Pro phè te.	Phra se.
Pro phé tie.	Phar ma cie.
Phy si que.	Pha ri sien.

21e LEÇON.

H aspirée.

Hé ros.	Hé raut.
Hé ro ï ne.	Har di.
Hé ro ï que.	

X prononcé comme S.

Au xer re.	Dix.
Six.	Soi xan te.

OI prononcé comme AI.

J'a vois.	Fran çois (*de France.*)
Il fai soit.	An glois (*d'Angleterre*).

OI prononcé comme OI.

Em ploi.	Dé voi ler.
Moi tié.	Boi re.
Ex ploit.	Fran çois (*nom.*)

TI prononcé comme CI.

Pa ti en ce.	I nep tie.
Pri ma tie.	I ni ti er.
Am bi ti on.	Pro phé tie.
Bal bu ti er.	A ris to cra tie.
Par ti al.	Dé mo cra tie.

EM, EN prononcés comme AN, quand ils sont suivis d'une consonne.

Fem me.	En du rer.
En fant.	Em pê che ment.
Em bra ser.	En dur cis se ment.

Au nom du Père,

et du Fils,

et du Saint-Esprit,

Ainsi soit-il.

L'ORAISON DOMINICALE.

No tre | Pè re | qui | ê tes | aux | cieux, que | vo tre | nom | soit | sanc ti fi é, | que vo tre | rè gne | ar ri ve; | que vo tre | vo lon té | soit | fai te | en | la | ter re | com me | au | ciel; | don nez | nous | au jour d'hui | no tre | pain | quo ti dien; | par don nez | nous | nos | of fen ses | com me | nous par don nons | à | ceux | qui | nous | ont of fen sés, | et | ne | nous | lais sez | pas suc com ber | à | la | ten ta tion, | mais dé li vrez | nous | du | mal. | Ain si | soit il.

LA SALUTATION ANGÉLIQUE.

Je | vous | sa lue, | Ma rie, | plei ne | de grâ ce, | le | Sei gneur | est | a vec | vous : vous | ê tes | bé nie | en tre | tou tes | les fem mes, | et | Jé sus, | le | fruit | de | vos en trail les, | est | bé ni. | Sain te | Ma rie, | Mè re | de | Dieu, | pri ez | pour | nous, | pau vres | pé cheurs, | main te nant | et | à l'heu re | de | no tre | mort. | Ain si | soit il.

PRIÈRE POUR SE METTRE SOUS LA PROTECTION DE LA Ste VIERGE.

Souvenez-vous, ô très-miséricordieuse Vierge Marie, que l'on n'a jamais ouï dire qu'aucun de ceux qui ont eu recours à votre protection, imploré votre secours et demandé vos suffrages, ait été abandonné : moi donc aussi, rempli de la même confiance, je me hâte de recourir à vous, ô Vierge, mère des vierges ! et, gémissant sous le poids de mes péchés, je me prosterne à vos pieds. Mère du Verbe incarné, ne dédaignez pas mes prières, mais écoutez-les favorablement, et daignez les exaucer. Ainsi soit-il.

LECTURE COURANTE.

Le bon Dieu bénit les petits enfants qui obéissent bien à leur papa et à leur maman.

Les petits enfants qui aiment bien de tout leur cœur les petits enfants comme eux, et leurs frères, et leurs sœurs, auront une belle et bonne petite place au paradis du bon Dieu.

Les petits enfants ne doivent jamais pleurer, ils ne doivent jamais être gourmands.

Les mamans donneront des bonbons, des bébés et des jouets, aux petits enfants qui seront sages.

Il faut se laisser laver et peigner sans pleurer ni se plaindre, parce que les petits enfants qui sont propres sont aimés de tout le monde.

Les petits enfants qui ont le visage sale, les mains malpropres, les vêtements tachés, ne sont pas aimés, et saint Nicolas les oublie le jour de sa fête.

Les petits garçons et les petites filles qui savent bien leurs leçons et qui travaillent bien, seront récompensés par le bon Dieu, la sainte Vierge, leur papa et leur maman.

DEVOIRS DES PETITS ENFANTS ENVERS LEURS PARENTS.

Il arrive un moment où les petits enfants, quoique bien jeunes encore, ne doivent plus se considérer comme incapables de se diriger, et incapables surtout de ne pouvoir pas encore rendre quelques petits services à leur papa ou à leur maman, à leurs frères ou à leurs sœurs, et même à leurs petits camarades.

Il est si doux de pouvoir aider sa bonne maman.

Il y a un commencement à tout.

Ainsi, un petit garçon ou une petite fille qui marche depuis longtemps et qui commence à parler, doit déjà savoir que, faire le bien c'est plaire à Dieu, et faire le mal, c'est lui déplaire.

Mes bons petits enfants, vous ferez bien plaisir au bon Dieu et à la bonne sainte Vierge, quand vous obéirez sur tout ce que vous commanderont vos parents.

Soyez toujours bons et prévenants pour votre bonne maman, car c'est elle qui vous donne à manger quand vous avez faim, c'est elle qui vous lave quand vous êtes malpropre, c'est votre bonne maman qui vous a appris la petite prière que vous dites matin et soir au bon Dieu et à la sainte Vierge, c'est elle qui vous couche quand vous avez sommeil, qui vous donne de beaux habits et des joujoux; rappelez-vous surtout que c'est encore votre bonne maman, quand vous souffrez la nuit, qui se relève par les nuits les plus froides de l'hiver, pour vous soulager, vous donner à boire, vous endormir; souvenez-vous de tout cela, mes bons petits enfants, et vous serez bons pour elle et Dieu vous bénira.

Il ne faut jamais causer de larmes à sa bonne mère; au lieu de lui faire de la peine, il faut l'embrasser bien fort, et quand elle gronde, il faut cesser tout de suite d'être méchant; il faut lui demander pardon en se jettant à son cou, et puis on recommence de l'embrasser bien plus fort encore.

DEVOIRS DES PETITS ENFANTS ENVERS LE BON DIEU.

Dès qu'un petit garçon ou une petite fille sait lire, son premier devoir est d'apprendre ses prières, afin de pouvoir seul prier Dieu.

Il faut prier Dieu matin et soir, avant et après ses repas ; un signe de croix fait avant de commencer, soit une lecture, soit un ouvrage quelconque, donne du courage et de la gaieté.

Les petits enfants, qui voudront être bien agréables à Dieu, devront être bien sages, ne pas pleurer, être propres, bien obéissants, être bien gentils et bien bons avec leurs camarades, en un mot, ils devront suivre bien exactement les conseils que leur bonne mère leur donnera chaque jour.

Le bon Dieu aime bien les petits garçons et les petites filles qui savent leurs prières et qui les récitent en pensant à leur bonne mère, à leur bon papa, à leurs frères et sœurs, et aussi à leurs bons camarades et à leurs bonnes petites amies.

Le bon Dieu bénit les enfants sages.

Au bon petit Jésus.

O mon doux Jésus! modèle des enfants sages et soumis, donnez-moi un cœur semblable au vôtre, faites-moi la grâce de le conserver pur toute ma vie; faites, ô mon bon Jésus! que ce cœur n'ait de joie que dans la vue du bon Dieu, votre père et le mien; faites que mon cœur soit toujours en paix, qu'il aime la prière, qu'il soit humble, qu'il sache pardonner et oublier, qu'il soit patient et qu'il ne se trouble jamais dans les plus grandes adversités; un cœur chaste qui repousse tout ce qui n'est point à Dieu et qu'il n'ait qu'une volonté, celle de toujours faire le bien, d'être soumis à mes bons parents et plein de charité pour son prochain; que ce cœur soit tout en Dieu et tout pour Dieu pendant toute ma vie.

Mon doux Jésus, modèle de douceur et d'humilité, source de toutes les grâces, trésor de sagesse, recommandez-moi à mon bon ange gardien; faites, je vous en supplie, que lorsque la trompette des anges réveillera tous les morts pour être jugés, je me lève digne d'être présenté au bon Dieu, et que mon froid cercueil devienne mon berceau de l'éternité heureuse.

L'Ange-Gardien.

Souvenez-vous, mes bons petits enfants, que le bon Dieu place près de notre berceau, le jour que nous venons au monde, un ange qui ne nous quittera que le jour où nous mourrons. Ce compagnon invisible de notre vie se nomme Ange-Gardien. Il est témoin de tout ce que nous faisons, il connaît toutes nos pensées, toutes nos actions. Ainsi, du berceau à la tombe, rien ne lui échappe. Il guide nos pas vers le bien, il nous conseille, il nous fait éviter les embûches que nous tend le démon; il est notre meilleur ami : dans la joie et dans la tristesse il est toujours à nos côtés, la nuit et le jour, il veille sur nous. Soyez donc sages, mes bons petits enfants, et faites en sorte que ce compagnon fidèle n'ait que de bonnes notes à donner au bon Dieu, afin que lorsque vous paraîtrez devant le Juge éternel il vous donne une bonne place au paradis. C'est dans ce lieu de délices que votre Ange-Gardien se montrera à vous avec sa belle figure, sa belle robe blanche; c'est lui qui vous conduira à la place que le bon Dieu vous aura donnée; vous y trouverez votre maman qui sera heureuse de vous serrer dans ses bras, de vous embrasser et de jouir avec vous pendant toute l'éternité de la vue du bon Dieu dans toute sa gloire, de la sainte Vierge et du bon petit Jésus.

Histoire du petit Jean.

Un pauvre petit garçon, presque tout nu et qui ne vivait que d'aumônes, fut si bon pour sa bonne maman, et si sage avec ses camarades, que tout le monde l'aimait et l'admirait. Un jour il trouva, en se levant, des souliers neufs et de bons habits tout neufs aussi près de sa couchette; quand il fut habillé, il allait sortir pour aller de porte en porte demander du pain pour vivre et faire vivre sa mère, lorsqu'une grande et belle dame l'arrêta et lui dit : « Mon ami, le bon Dieu m'envoie près de vous pour vous récompenser de votre bon cœur envers votre maman. Voici une bourse garnie d'or; allez la porter à votre bonne mère et faites ce qu'elle vous commandera. »

L'enfant toujours obéissant, court porter cette bourse à sa mère. Quand elle vit tout cet or, elle demanda à son enfant de qui il tenait cette fortune. — D'une grande et belle dame, maman, répondit ce bon petit garçon.

La mère toute tremblante, courut à la chambre de son enfant, mais elle ne vit personne, la dame avait disparu. Cependant la mère se souvenant qu'à la bourse était joint un papier, elle le prit et le lut; voici ce qu'il contenait :

« Madame,

Je suis riche et Dieu a permis que j'apprenne que votre enfant vous aime, vous chérit, ne vous a jamais fait pleurer et qu'en outre, pendant tout le temps que vous avez été malade, il vous a nourrie, et a pris soin de vous.

Dieu, touché de ce dévouement et de ce bon cœur, m'envoie près de vous. L'or que contient cette bourse, servira à vous nourrir pendant que vous ferez apprendre un état à votre enfant. Qu'il continue d'être bon et Dieu fera le reste. »

Il y a de cela quarante ans, la mère est bien vieille, mais elle est riche et heureuse; car son petit garçon, d'abord apprenti, est devenu ouvrier, puis maître; et aujourd'hui il occupe beaucoup d'ouvriers, et continue à faire du bien.

Voilà comme le bon Dieu récompense les enfants qui aiment bien leur papa et leur maman.

Histoire du petit Adrien.

Dans un joli petit village du département de la Savoie, vivait un riche propriétaire retiré des affaires. Sa famille ne se composait que d'un petit garçon qui avait un caractère si méchant, si méchant, que tous les petits enfants de la commune le fuyaient ; aussi il ne comptait pas un seul camarade dans tout le village.

Adrien, c'était son nom, ne se contentait pas de faire souffrir tous les petits garçons et les petites filles qu'il rencontrait, il manquait aussi de respect à sa mère, et dès l'âge de 3 ans il avait commencé à faire souffrir sa bonne maman qui lui avait donné le jour, qui le nourrissait, lui apprenait ses lettres et ses prières, qui le comblait de cadeaux ; les plus beaux joujoux de la ville étaient pour lui, enfin elle avait fait son possible pour lui éviter un mauvais caractère.

Il avait atteint l'âge de 4 ans et demi lorsque son père, en revenant de la chasse, fut tué par son cheval qui prit le mors aux dents. La mort de ce bon père n'arrêta en rien la mauvaise humeur d'Adrien, qui continua de jurer, de mentir et de désobéir à sa maman.

Une nuit du mois de décembre, le feu prit à une ferme voisine de leur maison. Faute de secours, tout le village fut bientôt embrasé, et plus de 50 habitations devinrent la proie des flammes. Les malheureux habitants qui devaient tous beaucoup d'argent à la mère d'Adrien, furent ruinés et ne purent rembourser cet argent qui faisait la fortune de cette malheureuse mère. Elle en mourut de chagrin, et cet enfant méchant, abandonné et repoussé, fut réduit à mendier son pain; il devint voleur et aujourd'hui il est jeté en prison, pleurant son père et sa mère, et demandant pardon à Dieu de tout le mal dont il s'est rendu coupable envers sa mère et ses camarades.

Voilà, mes petits amis, ce que Dieu réserve aux enfants méchants.

Pour être heureux, il ne s'agit pas d'avoir beaucoup d'argent, il faut encore être vertueux. Vous le voyez, Adrien était riche, il est devenu pauvre parce qu'il désobéissait à sa mère, tandis que Jean, qui était pauvre, est devenu riche, parce qu'il avait bien écouté sa bonne maman.

Ainsi donc, mes petits amis, priez le bon Dieu de ne jamais vous abandonner, évitez les mauvais penchants d'Adrien et suivez l'exemple de Jean.

A MES PETITS-FILS
Louis & Charles,
ET A TOUS LES PETITS ENFANTS DE LEUR AGE.

C'est en pensant à vous, mes bonnes petites et innocentes créatures, que j'ai fait ce petit livre ; parcourez-le sur le giron de votre bonne maman, apprenez à connaître vos lettres, épelez les mots, lisez les phrases ; puissent ces premières connaissances vous conduire à éviter le mal et à faire le bien toujours.

Plaire à Dieu c'est faire son devoir.

Avant de terminer, j'ai une recommandation à vous faire ; la voici : Il existe une fable de Lafontaine, intitulée :

L'ALLOUETTE ET SES PETITS, ET LE MAITRE D'UN CHAMP.

Dès que vous serez en état d'apprendre cette fable par cœur, apprenez-la bien vite, et demandez-en l'explication soit à votre père, soit à votre mère, suivez-en la morale, craignez Dieu, et votre bonheur est là.

Adieu mes petits amis, que Dieu soit toujours avec vous.

D. H.

www.ingramcontent.com/pod-product-compliance
Lightning Source LLC
Chambersburg PA
CBHW061012050426
42453CB00009B/1390